AF188174

Impressum
Verlag: BABADADA GmbH, Nedderfeld 112 , 22529 Hamburg
Geschäftsführer / Verlagsleitung: Harald Hof
Druck: Books on Demand GmbH, In de Tarpen 42, 22848 Norderstedt

Imprint
Publisher: BABADADA GmbH, Nedderfeld 112 , 22529 Hamburg, Germany
Managing Director / Publishing direction: Harald Hof
Print: Books on Demand GmbH, In de Tarpen 42, 22848 Norderstedt

koulu
škola

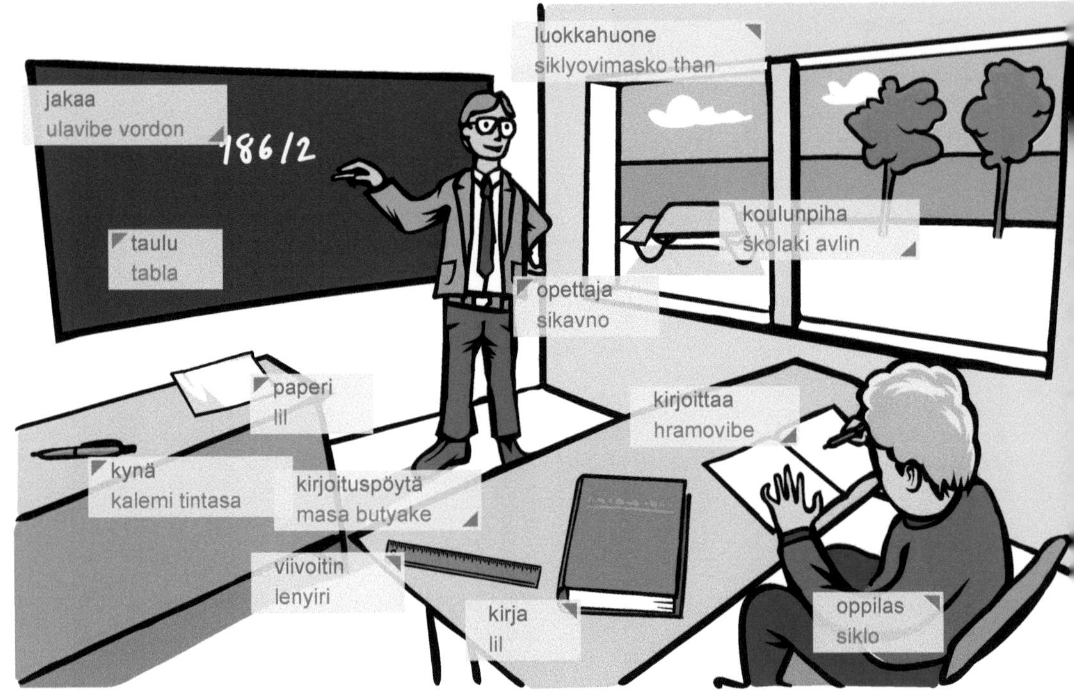

luokkahuone
siklyovimasko than
jakaa
ulavibe vordon
186/2
taulu
tabla
koulunpiha
školaki avlin
opettaja
sikavno
paperi
lil
kirjoittaa
hramovibe
kynä
kalemi tintasa
kirjoituspöytä
masa butyake
viivoitin
lenyiri
kirja
lil
oppilas
siklo

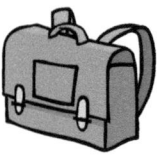

reppu

dumeski tašna

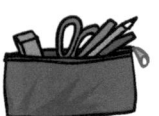

penaali

kalemengi kutia

lyijykynä

kalemi

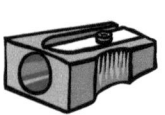

kynänteroitin

kalemengi čhurori

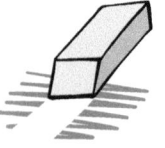

pyyhekumi

kosimaski guma

piirustuslehtiö

čitrimasko bloko

piirustus
čitribe

pensseli
boyimaski frča

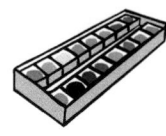

vesivärit
boyimaski kutia

sakset
kata

liima
lepako

harjoituskirja
bukjardarimasko lil

kotitehtävä
khereski buti

12

luku
gendo

2+2

lisätä
džide

5-2

vähentää
ikal

2×2

kertoa
multiplicirin

laskea
kalkulirin

A

kirjain
hramome lil

ABCDEFG
HIJKLMN
OPQRSTU
VWXYZ

aakkoset
alfabeta

hello

sana
lafo

teksti

teksti

lukea

drabaribe

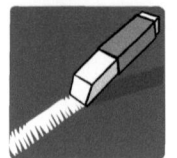

liitu

kreda

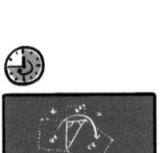

oppitunti

lekciya

opettajan muistikirja

Klasesko registro

koe

egzameni

todistus

sertifikato

koulupuku

školaki uniforma

koulutus

edukacia

sanakirja

enciklopedia

yliopisto

univerziteto

mikroskooppi

mikroskopo

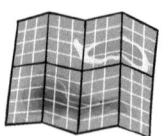

kartta

mapa

roskakori

korpa čhudimaske lila

matka
dromaripe

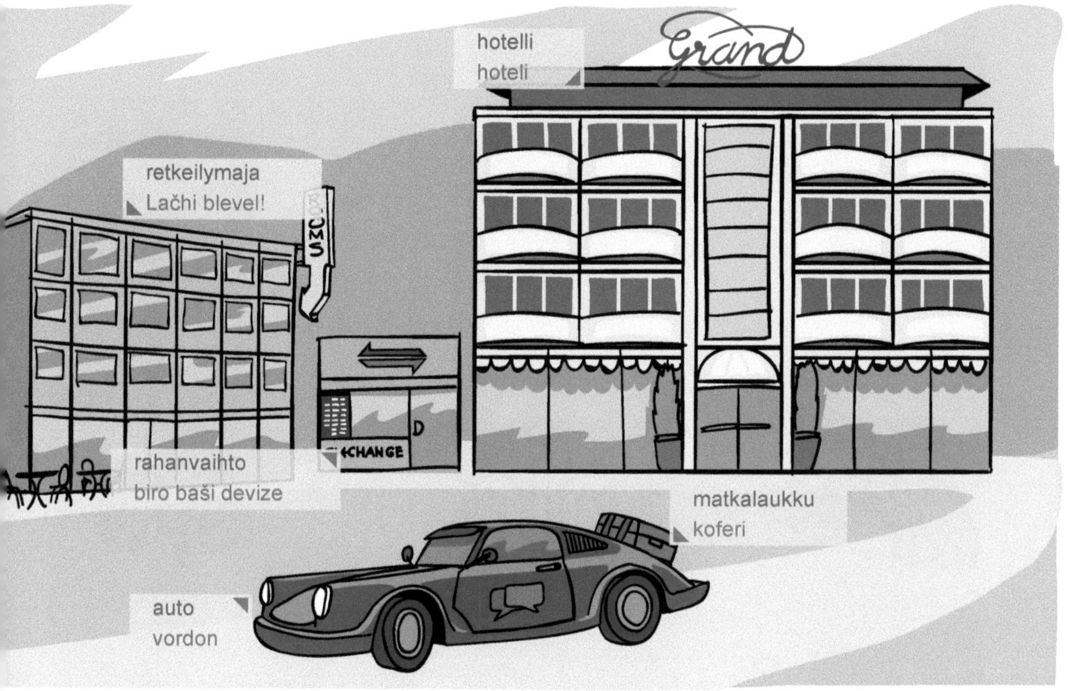
hotelli
hoteli
Grand
retkeilymaja
Lačhi blevel!
ROOMS
rahanvaihto
biro baši devize
EXCHANGE
matkalaukku
koferi
auto
vordon

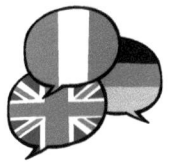

kieli

ćhib

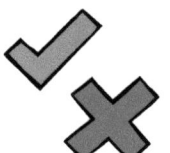

kyllä / ei

va / na

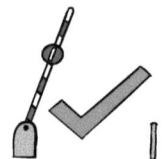

selvä

Okay

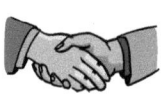

hei

Namaste

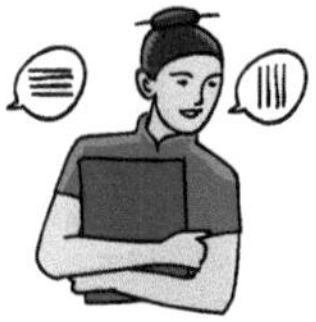

tulkki

tumači

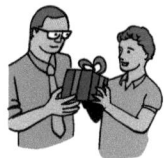

kiitos

Ov sasto

Paljonko...maksaa?

Kozom si...?

en ymmärrä

Na havava

ongelma

problemo

Hyvää iltaa!

Lačhi rat!

Hyvää huomenta!

Lačhi javin!

Hyvää yötä!

Lačhi rat!

näkemiin

ačhon Devlesa

suunta

dromeski sikavin

matkatavarat

bagaži

laukku

gono

reppu

dumesko gono

vieras

misafiri

huone

kamara

makuupussi

sovimasko gono

teltta

cerha

turisti-info

turistikani informacia

ranta

plaža

luottokortti

kreditno kartica

aamupala

javinako habe

lounas

kušluko

päivällinen

ratyako habe

matkalippu

karta

hissi

elevatori

postimerkki

marka

raja

simantra

tulli

adetia

suurlähetystö

ambasada

viisumi

viza

passi

pašaporti

kuljetus
transporti

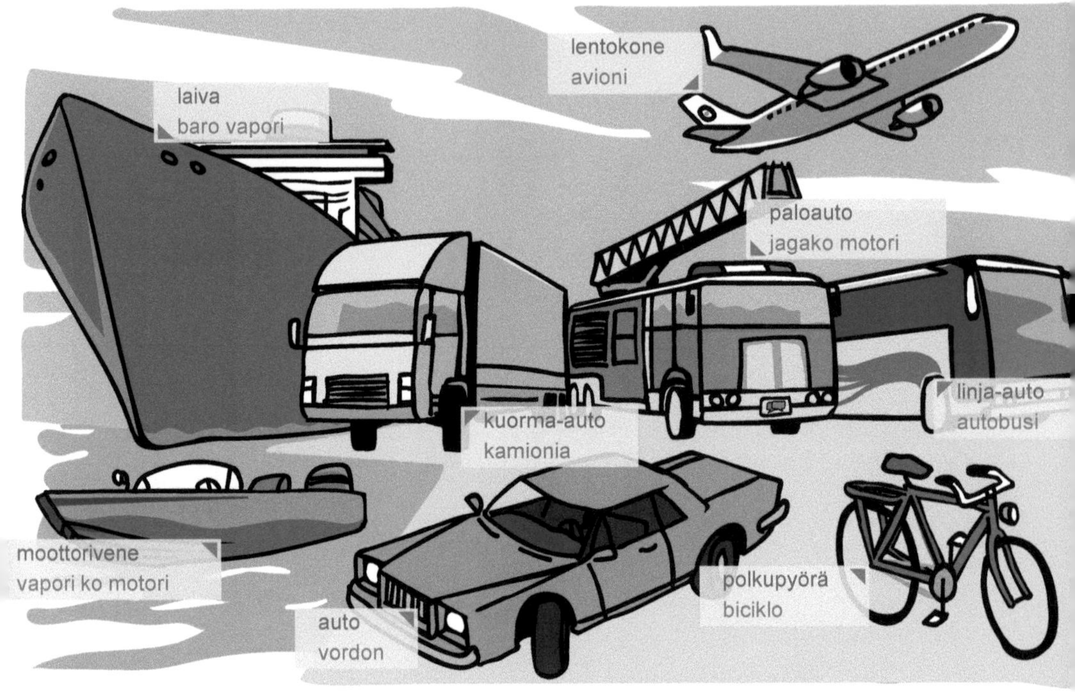
lentokone
avioni
laiva
baro vapori
paloauto
jagako motori
linja-auto
autobusi
kuorma-auto
kamionia
moottorivene
vapori ko motori
polkupyörä
biciklo
auto
vordon

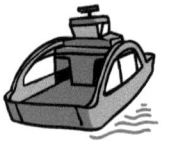

lautta
feri vapori

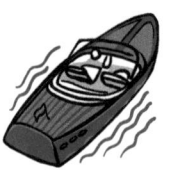

vene
vapori

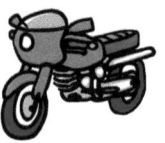

moottoripyörä
motorciklo

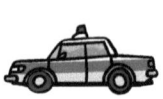

poliisiauto
policiako vordon

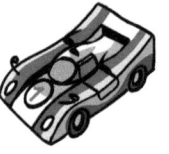

kilpa-auto
prastamasko vordon

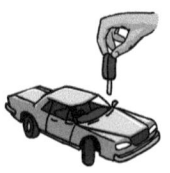

vuokra-auto
rentakar

car sharing

ulavibe vordon

hinausauto

rumosardo kamioni

roska-auto

kamionengo than

moottori

motori

polttoaine

petroli

huoltoasema

petrolesko stasioni

liikennemerkki

trafikoskere išaretia

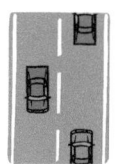

liikenne

trafiko

ruuhka

baro trafiko

parkkipaikka

vordonesko parkirimasko than

rautatieasema

pampurengo stasioni

raiteet

kamionia

juna

pampuri

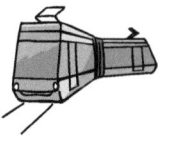

raitiovaunu

tramvaj

vaunu

vagoni

helikopteri

helikopteri

lentokenttä

aeroporti

lähilennonjohto

kula

matkustaja

dromarutno

kontti

kontejneri

pahvilaatikko

kartoni

kärryt

vordonoro

kori

sevli

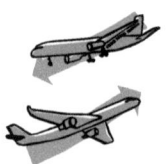

nousta / laskea

urjalipasko starto /
urjalipasko agor

kaupunki

diz

kylä

gav

keskusta

dizyako centro

talo

kher

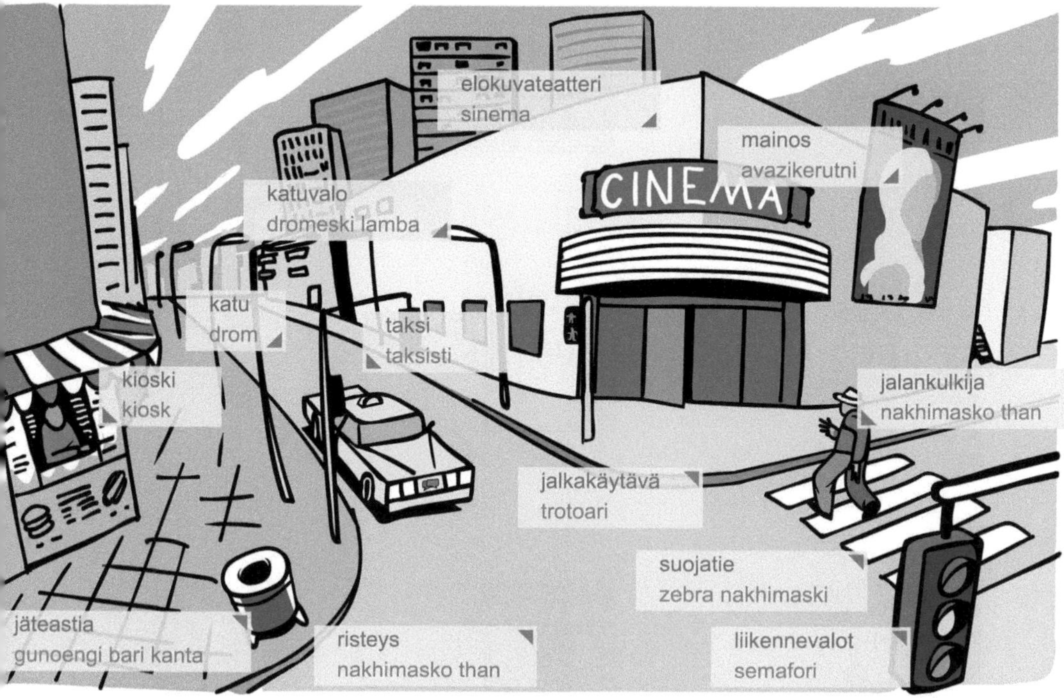

CINEMA
elokuvateatteri
sinema
mainos
avazikerutni
katuvalo
dromeski lamba
katu
drom
taksi
taksisti
kioski
kiosk
jalankulkija
nakhimasko than
jalkakäytävä
trotoari
suojatie
zebra nakhimaski
jäteastia
gunoengi bari kanta
risteys
nakhimasko than
liikennevalot
semafori

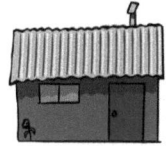

mökki

koliba

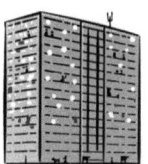

kerrostalo

apartmani

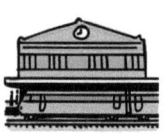

rautatieasema

pampurengo stasioni

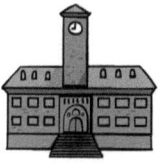

kaupungintalo

dizyaki sala

MUSEUM

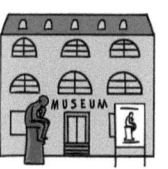

museo

muzeji

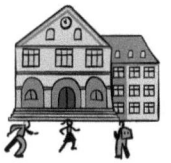

koulu

škola

yliopisto

univerziteto

pankki

banka

sairaala

hospitalo

hotelli

hoteli

apteekki

apoteka

toimisto

ofiso

kirjakauppa

lil bikinimasko than

liike

dukyano

kukkakauppa

lulugengo bikinutno

supermarketti

supermarket

tori

kurko

tavaratalo

baro bikinimasko kher

kalakauppias

mačhengo astarutno

ostoskeskus

kinimasko centro

satama

vaporengo ačhovimasko than

puisto
parko

penkki
klupa

silta
purt

portaat
merdevenya

metro
metro stasioni

tunneli
tuneli

linja-autopysäkki
autobuseski adžikerin

baari
bar

ravintola
restorani

postilaatikko
poštako mohto

katukyltti
dromesko išareti

parkkimittari
parking than

eläintarha
zoo

uimala
nangyovimasko bazeni

moskeija
džamiya

maatila
farma

ympäristön saastuminen
melalipe

hautausmaa
limorengo than

kirkko
khangeri

leikkikenttä
khelimasko than

temppeli
hramo

maisema
pejzaži

lehti
patrin

tienviitta
išareti

tie
drom

niitty
livazin

kivi
bar

retkeilijä
phiravno

puu
kašt

joki
len

ruoho
čar

kukka
luludi

laakso

harno than

vuori

bairi

järvi

devrijal

metsä

veš

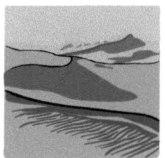

aavikko

mulano than

tulivuori

vulkano

linna

saraji

sateenkaari

renkali badalin

sieni

gaba

palmu

palma kašt

hyttynen

sivrija

kärpänen

mak

muurahainen

karandža

mehiläinen

birumni

hämähäkki

pauko

kovakuoriainen

buba

sammakko

žamba

orava

ververica

siili

kanzauri

jänis

šošoj

pöllö

buf

lintu

pakšin

joutsen

lebedi

villisika

bali

peura

eleno

hirvi

eleno

pato

pani garavin

tuulimylly

bavlalaki turbina

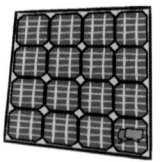

aurinkopaneeli

solarno paneli

ilmasto

klima

ravintola
restorani

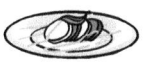

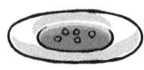

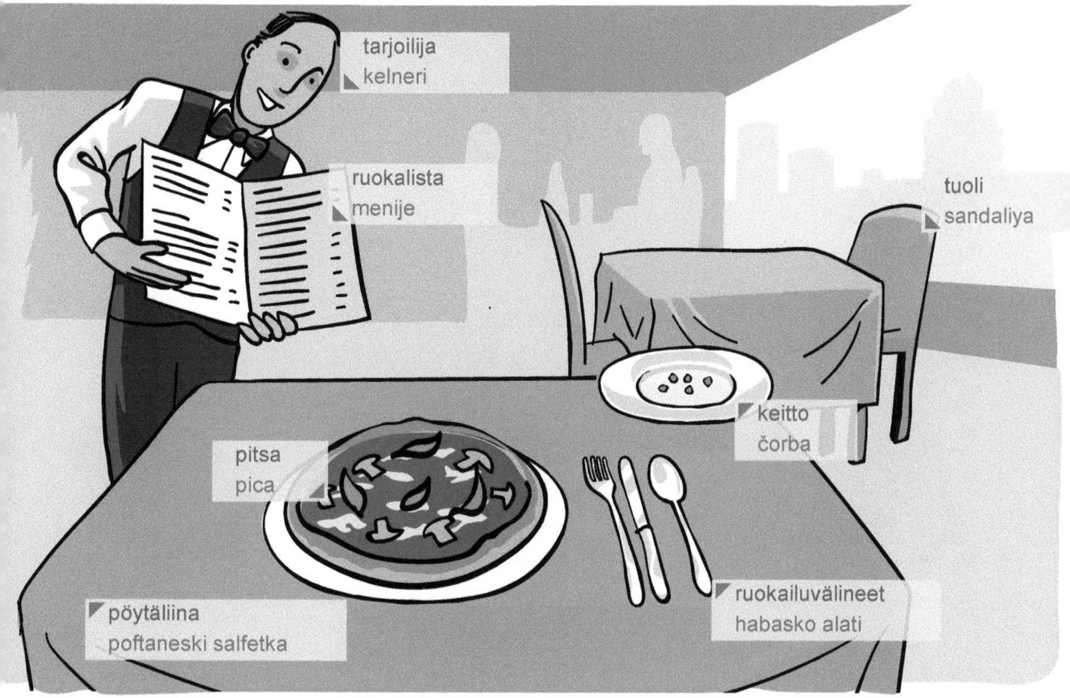
tarjoilija
kelneri
ruokalista
menije
tuoli
sandaliya
keitto
čorba
pitsa
pica
pöytäliina
poftaneski salfetka
ruokailuvälineet
habasko alati

alkuruoka

avgo habe

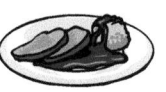

pääruoka

šerutno habe

jälkiruoka

gudlimata

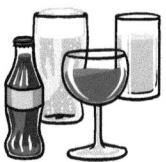

juomat

piiba

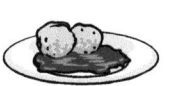

ruoka

habe

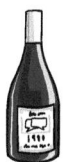

pullo

šiša

pikaruoka

fast food

katuruoka

sokakongo habe

teekannu

čajniko

sokeriastia

šekereskoro čaroro

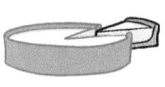

annos

porcia

espressokeitin

makina vaš espresso

syöttötuoli

uči sandaliya

lasku

esapi

tarjotin

apladiya

veitsi

čhuri

haarukka

vilyuška

lusikka

roj

teelusikka

čajeski roj

servietti

salfetka

lasi

tahtai

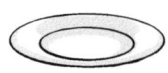

lautanen

čaro

syvä lautanen

čaro čorbake

aluslautanen

hor čaro

kastike

sosi

suolasirotin

londesko čaroro

pippurimylly

kale biberesko pišlo

etikka

šut

öljy

zejtini

mausteet

začinia

ketsuppi

kečap

sinappi

senf

majoneesi

majonezi

supermarketti

supermarket

tarjous
specialno oferta
FOR
asiakas
mušteriya
maitotuotteet
thudeske butya
hedelmät
emiši
ostoskärryt
vordonoro

BUTCHERS

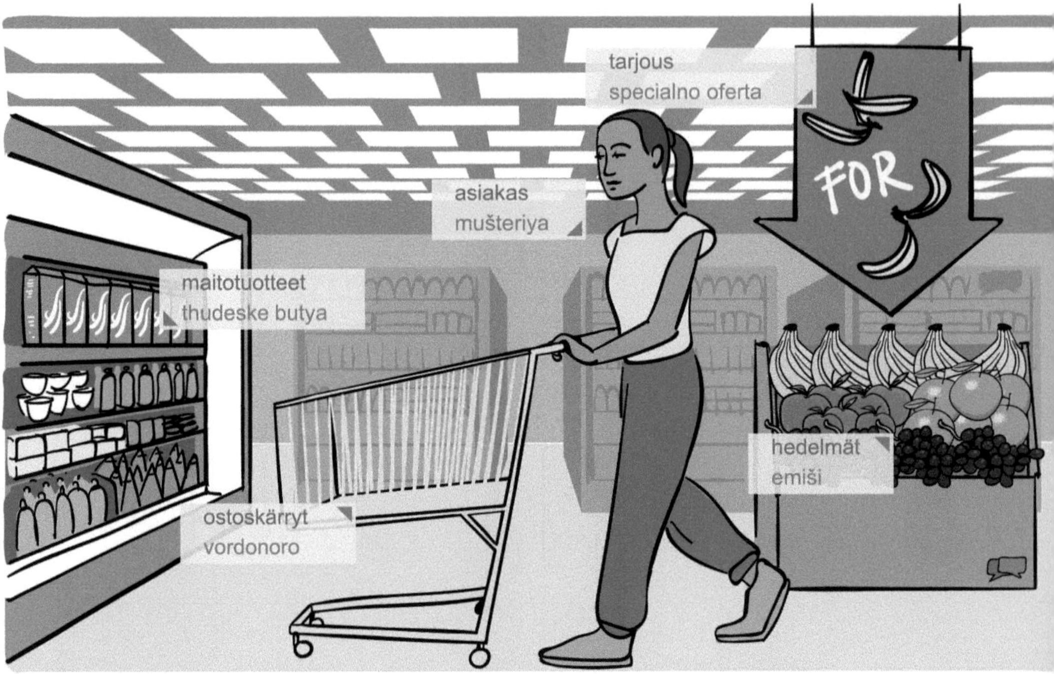

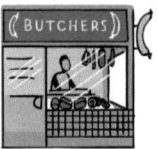

teurastamo

kasapi

BAKERY

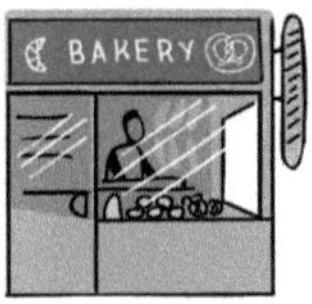

leipomo

furuna

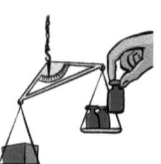

punnita

ladavipe

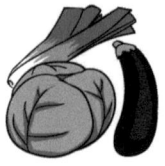

kasvikset

zarzavati

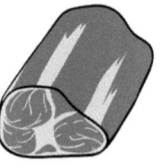

liha

masesko rolati

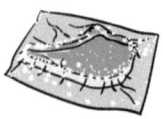

pakasteet

pahome habe

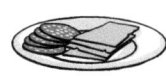

leikkele

šudro mas

säilykkeet

konzerva

pesujauhe

thovimasko prašako

makeiset

gudlimata

kotitaloustarvikkeet

khereske butya

puhdistusaineet

užarimaske butya

myyjä

bikinutno

kassa

kasapi

kassanhoitaja

kasieri

ostoslista

kinimaski patrin

aukioloajat

putarimaske satura

lompakko

lovengi tašna

luottokortti

kreditno kartica

kassi

gono

muovipussi

plastikano gono

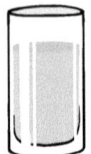

vesi

pani

mehu

džus

maito

thud

kokis

kola

viini

mol

olut

bira

alkoholi

alkohol

kaakao

kakao

tee

čaj

kahvi

kafa

espresso

espresso

cappuccino

cappuccino

banaani

banana

omena

phabaj

appelsiini

portokali

meloni

kavuni

sitruuna

limoni

porkkana

karota

valkosipuli

sir

bambu

bambusi

sipuli

purum

sieni

gaba

pähkinät

akhora

spagetti

humereske butya

spagetti

špageti

riisi

rezo

salaatti

salata

ranskalaiset

čipsi

paistetut perunat

peke kompiria

pitsa

pica

hampurilainen

hamburger

voileipä

sendviči

leike

kotleti

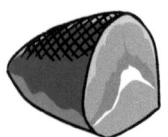

kinkku

žamboni

salami

salama

makkara

goja

kana

khajnako mas

paisti

peko

kala

mačho

kaurahiutaleet

popara

mysli

musli

murot

kornfleks

jauho

varo

voisarvi

kroasani

sämpylä

masesko rolati

leipä

maro

paahtoleipä

tosti

keksit

biskotia

voi

puteri

rahka

urda

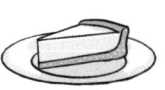

kakku

torfa

kananmuna

jaro

paistettu kananmuna

peke jare

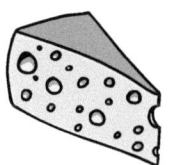

juusto

kiral

jäätelö

šudro gudlo

sokeri

šekeri

hunaja

avgin

hillo

džem

suklaapähkinälevite

čokoladaki krema

curry

kari

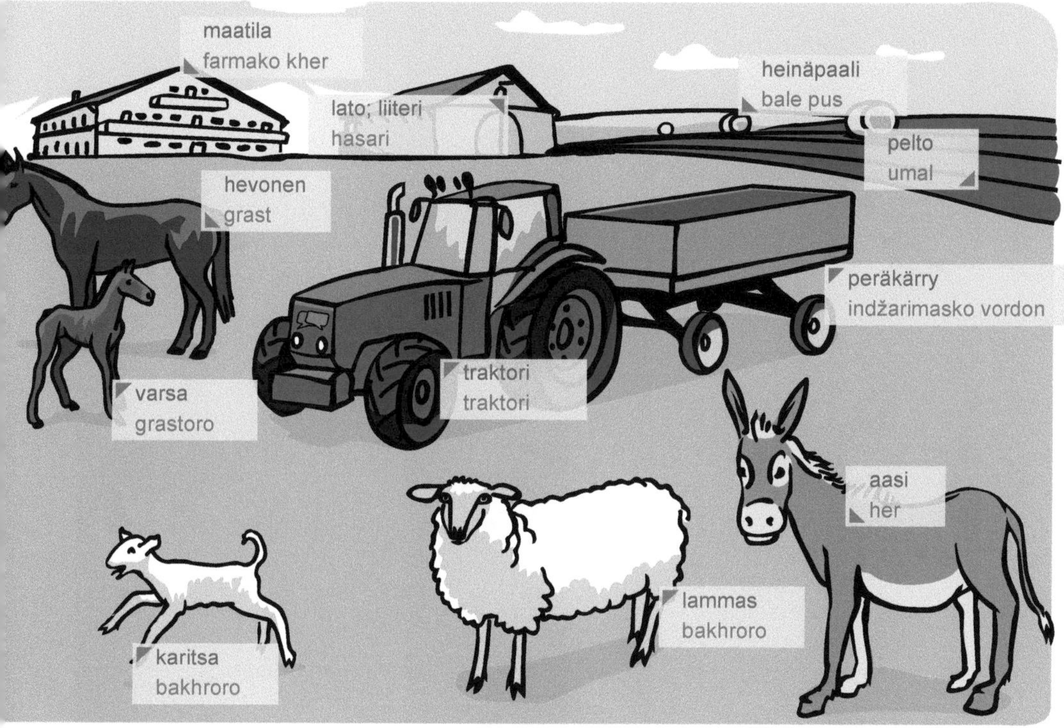

maatila
farmako kher

heinäpaali
bale pus

lato; liiteri
hasari

pelto
umal

hevonen
grast

peräkärry
indžarimasko vordon

varsa
grastoro

traktori
traktori

aasi
her

karitsa
bakhroro

lammas
bakhroro

vuohi
....
buzno

lehmä
....
guruvni

vasikka
....
guruvoro

sika
....
balo

porsas
....
baloro

sonni
....
guruv

hanhi

papin

ankka

payka

tipu

pilička

kana

khayni

kukko

bašno

rotta

baro germuso

kissa

bilika

hiiri

germuso

härkä

guruv

koira

džukel

koirankoppi

džukelesko kher

puutarhaletku

žardina

kastelukannu

panyarimaski kanta

viikate

aindžako kidimasko alati

aura

plugo

sirppi

srpo

kuokka

motika

talikko

aindžaki vilyuška

kirves

tover

kottikärryt

vordonoro phiravutno

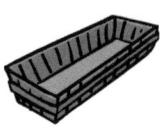

kaukalo

balani

maitokannu

thudeski šiša

säkki

harari

aita

trujalutni

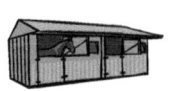

talli

jahri

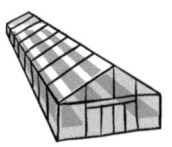

kasvihuone

haryalo kher

maa

phuv

siemen

seme

lannoite

gyubre

leikkuupuimuri

aindžako kidipe

kerätä sato

kidibe aindž

sato

harmani

jamssit

phuvaki phabaj

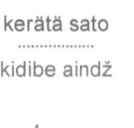

vehnä

giv

soija

soja

peruna

kompiri

maissi

mumuruzi

rypsi

šarlagani

hedelmäpuu

emišengo kašt

maniokki

Kasava

vilja

giveskere javinlukoja

talo
kher

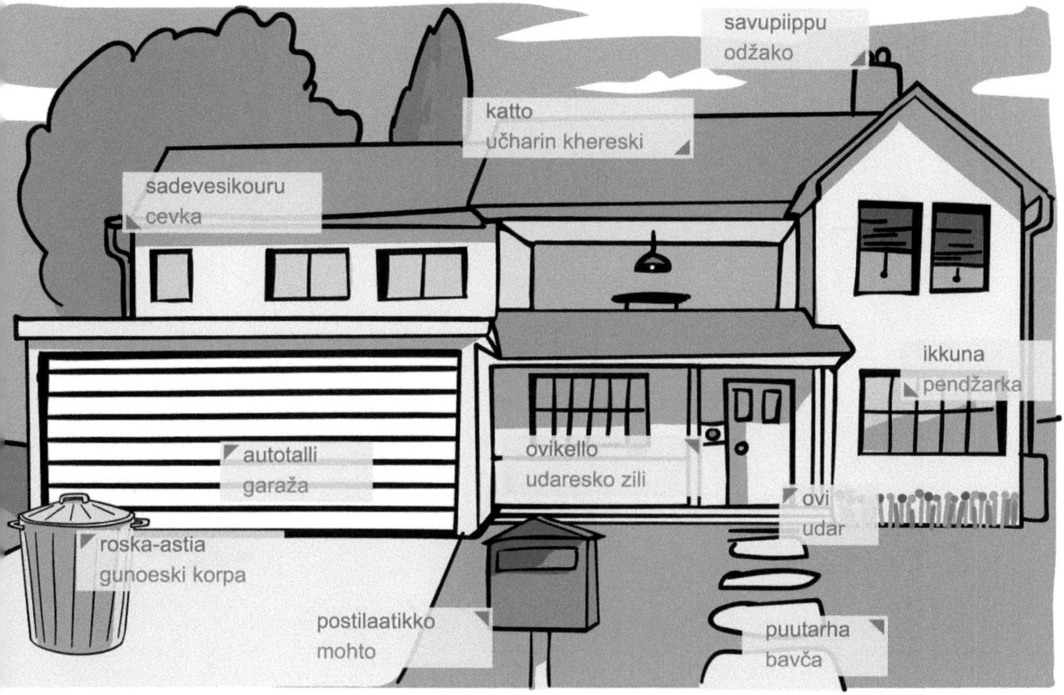
savupiippu
odžako
katto
učharin khereski
sadevesikouru
cevka
ikkuna
pendžarka
autotalli
garaža
ovikello
udaresko zili
ovi
udar
roska-astia
gunoeski korpa
postilaatikko
mohto
puutarha
bavča

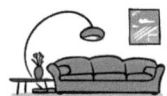

olohuone

bešimaski kamara

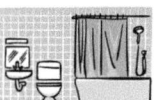

kylpyhuone

banya

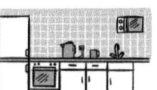

keittiö

kujna

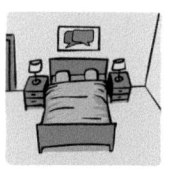

makuuhuone

sovimasko than

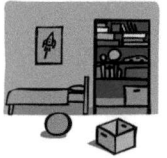

lastenhuone

čhavengi kamara

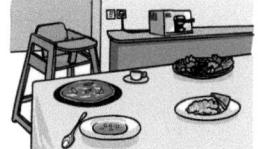

ruokahuone

than hajbaske rakjako habe

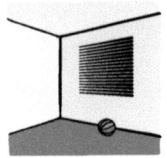

lattia

kati

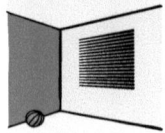

seinä

duvari

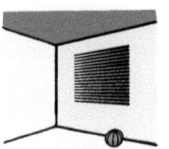

katto

tavano

kellari

špajzi

sauna

sauna

parveke

terasa

terassi

terasa

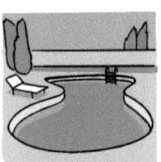

uima-allas

bazeni

ruohonleikkuri

čar harnyarimaski makina

lakana

patrin

päiväpeitto

čaršafia

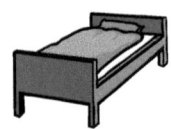

sänky

kreveto

harja

šulavni

ämpäri

korpa

katkaisin

elektrikani phabarin

olohuone
bešimaski kamara

tapetti
tapeta
kuva
tasviri
lamppu
lamba
hylly
rafti
kaappi
ormari
televisio
televiziya
takka
jagako than
kukka
luludi
tyyny
šerand
sohva
sofa
maljakko
vazna
kaukosäädin
durutni komanda

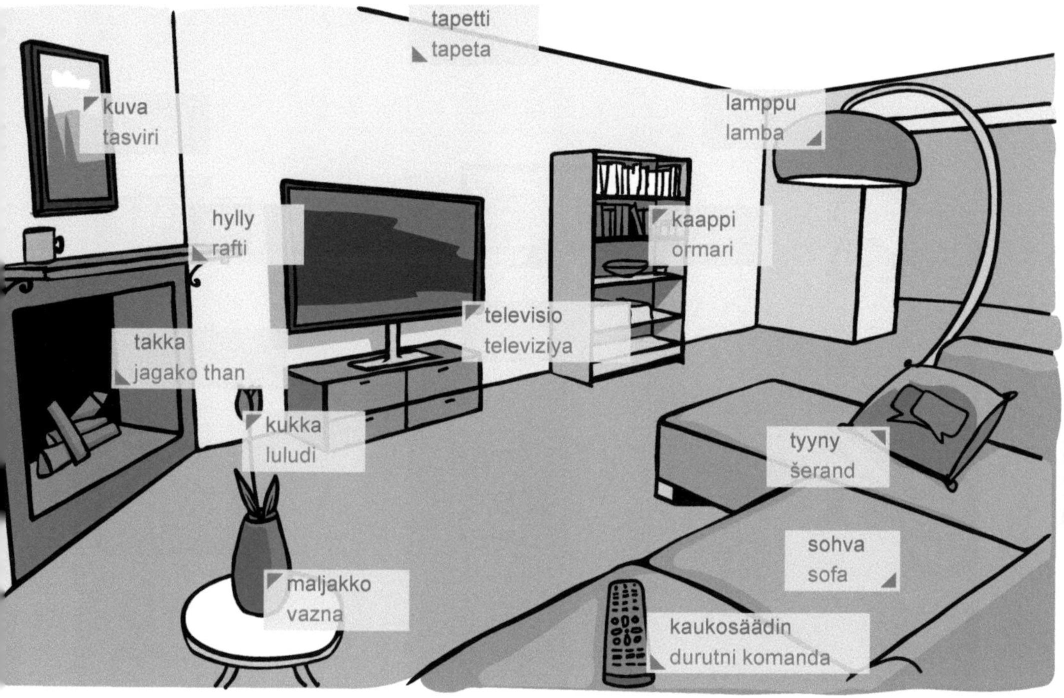

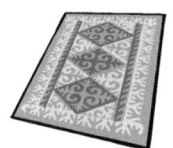

matto

kilimi

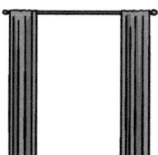

verho

perde

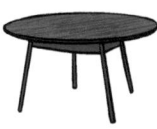

pöytä

masa

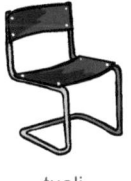

tuoli

sandaliya

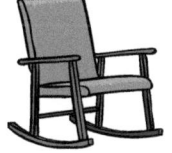

keinutuoli

kunajka sandaliya

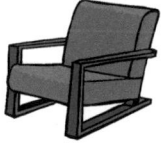

nojatuoli

fotelya

kirja

lil

peitto

kebe

koriste

dekoraciya

polttopuut

kašta phabarimaske

elokuva

filmi

stereot

stereo ašunimaske butya

avain

nahtari

sanomalehti

gazeta

maalaus

frčaja bojakeribe

juliste

posteri

radio

radio

muistivihko

hramovimasko bloko

pölynimuri

elektrikani šulavni

kaktus

kaktusi

kynttilä

momoli

keittiö
kujna

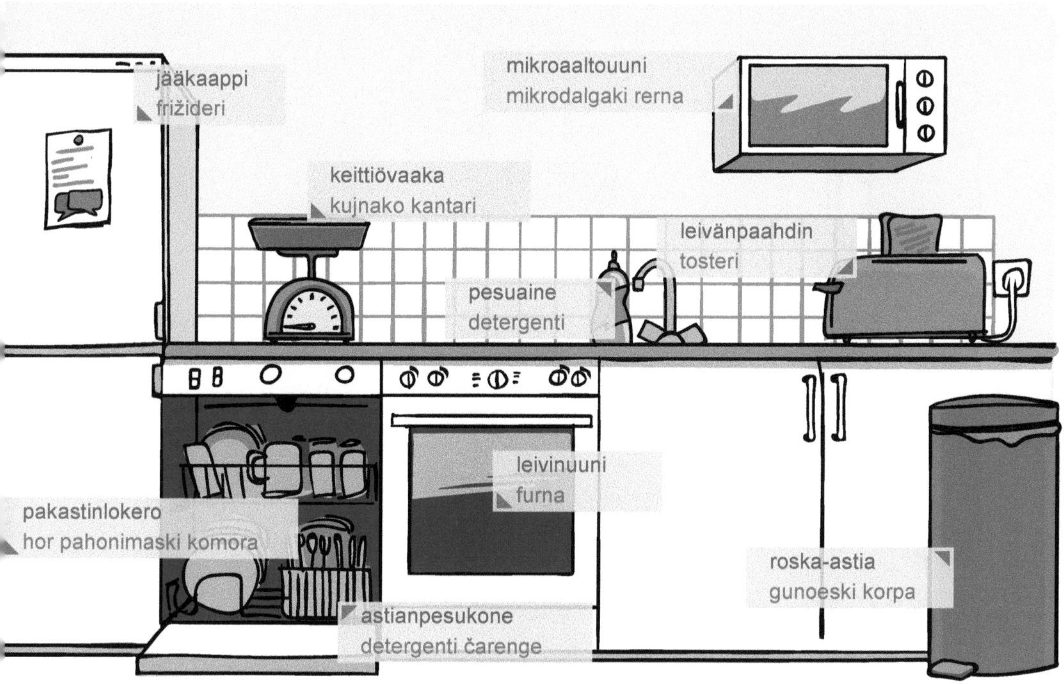
jääkaappi
frižideri
mikroaaltouuni
mikrodalgaki rerna
keittiövaaka
kujnako kantari
leivänpaahdin
tosteri
pesuaine
detergenti
leivinuuni
furna
pakastinlokero
hor pahonimaski komora
roska-astia
gunoeski korpa
astianpesukone
detergenti čarenge

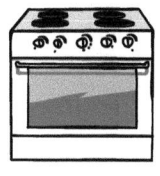

liesi

keravimasko than

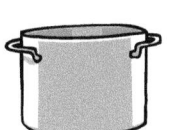

kattila

čaro

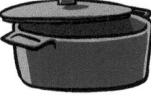

rautapata

sastrnali tendžera

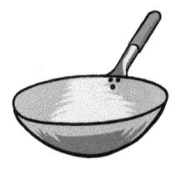

okkipannu / kadai-pannu

vok cihani

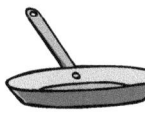

paistinpannu

tava

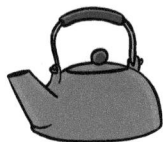

teepannu

elektrikano bokali

höyrykeitin

tendžera ki para

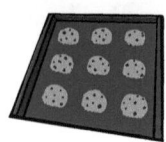

uunipelti

tepsija

astiat

čare

muki

bareder fildžano

kulho

čaro

syömäpuikot

kinakere habaskere kaštore

kauha

fioka

paistinlasta

špatula

vispilä

vastesko mikseri

siivilä

cedimasko čaro

siivilä

porizen

raastin

rende

mortteli

avano

grilli

skara

avotuli

puteribe jag

leikkuulauta

čhinimaski tabla

kaulin

oklagia

korkinavaaja

puterimasko alati

purkki

konzerva

purkinavaaja

konzervako puterutno

pannulappu

čaresko ikerutno

lavuaari

lavabo

tiskiharja

frča

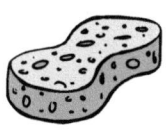

pesusieni

sungeri

tehosekoitin

mikseri

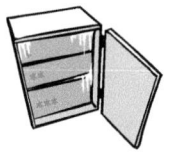

pakastin

hor pahonimasko frižideri

tuttipullo

bebeski šiša

vesihana

češma

kylpyhuone
banya

lämmitys
tataripe
pyyhe
peškiri
suihku
tuširibe
suihkuverho
tuširimaski perda
vaahtokylpy
nanyovibe sapuneske balonencar
kylpyamme
kada nanyovimaske
lasi
tahtai
pesukone
makina thovimaske šeja
vesihana
češma
kaakelit
pločke
potta
turako
lavuaari
lavabo

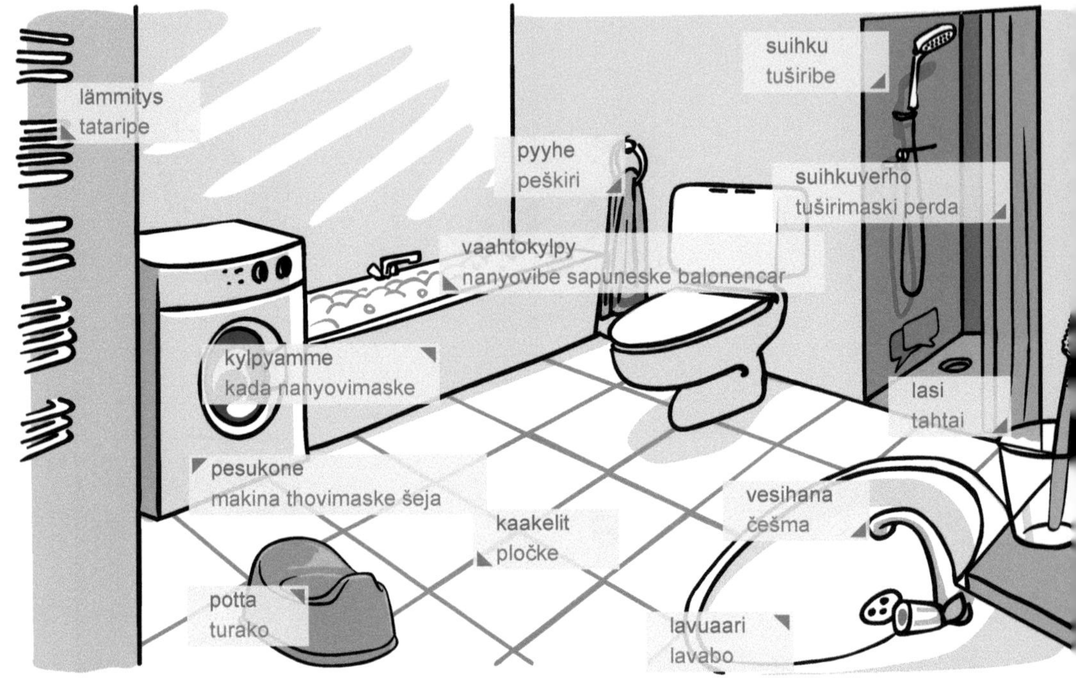

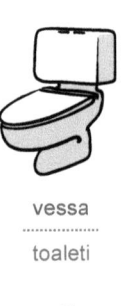

vessa

toaleti

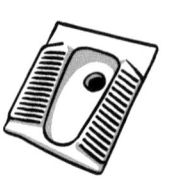

kyykkyvessa

toaleti bešimasa ko pundre

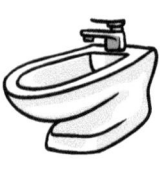

bidee

bide

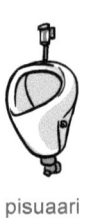

pisuaari

pisoari

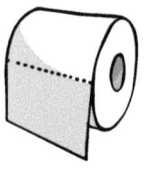

vessapaperi

toaletesko lil

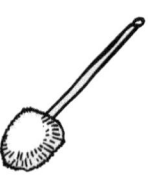

vessaharja

frča toaleteske

hammasharja

danda thovimaski frča

hammastahna

danda thovimaski krema

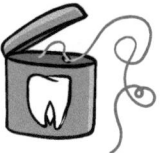

hammaslanka

dandesko thav

pestä

thovibe danda

käsisuihku

vasteskoro tuši

intiimisuihku

tuši

pesuvati

lavabo

selkäharja

dumeski frča

saippua

sapuni

suihkugeeli

tuširimasko geli

shampoo

šamponi

pesulappu

flanela

viemäri

kada ćidimaske pani

voide

krema

deodorantti

dezodoransi

peili

ajna

käsipeili

vasteski ajna

partaveitsi

žileti moravimaske

partavaahto

moravimaski pena

partavesi

palal muravimaski krema

kampa

kanglik

harja

frča

hiustenkuivaaja

feni balenge

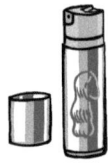

hiuslakka

sprej balenge

meikki

šminka

huulipuna

karmini

kynsilakka

oja najenge

pumpuli

pamuko pošom

kynsisakset

kata najenge

hajuvesi

parfemi

kosmetiikkalaukku

gono thovimaske

jakkara

sandaliya

vaaka

tereziya

kylpytakki

bademantili

kumihansikkaat

gumena kalcunya

tamponi

tamponi

terveysside

toaletno lil

kemiallinen wc

hemikano toaleti

lastenhuone
čhavengi kamara

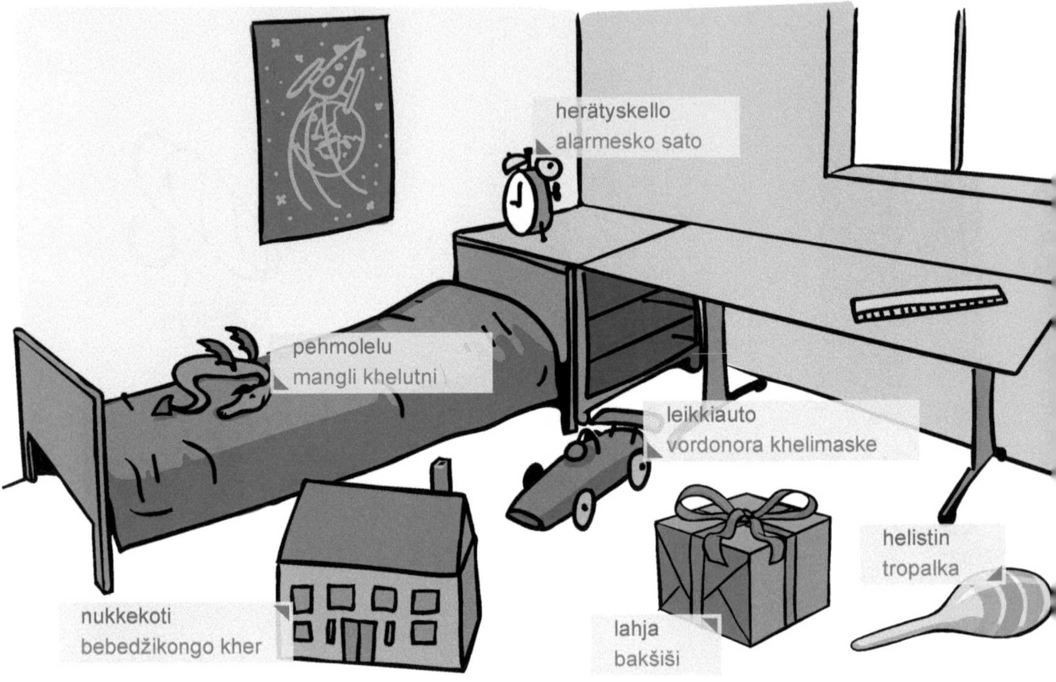

herätyskello
alarmesko sato

pehmolelu
mangli khelutni

leikkiauto
vordonora khelimaske

nukkekoti
bebedžikongo kher

lahja
bakšiši

helistin
tropalka

ilmapallo
baloni

sänky
kreveto

lastenvaunut
bebengo vordon

korttipeli
špili karte

palapeli
ker-rumin khelin

sarjakuva
komikano lil

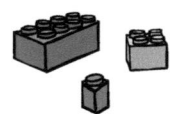

legopalikat

lego kocke

rakennuspalikat

kocke khelimaske

supersankari

akciaki figura

potkupuku

bodi bebeske

frisbee

frizbi

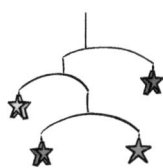

mobile

mobile

lautapeli

masa khelimaske

noppa

zari

pienoisjunarata

pampuri khelimaske

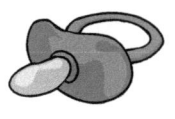

tutti

cucla

juhlat

bahlana

kuvakirja

tasvirengo lil

pallo

topka

nukke

bebedžiko

leikkiä

khelibe

hiekkalaatikko

pošikako than

keinu

kuna

lelut

khelimaske butya

pelikonsoli

konzola video khelimaske

kolmipyörä

triciklo

nalle

poftaneski ričini

vaatekaappi

garderoba

vaatteet
šeja

sukat

kalcunya

nylonsukat

khuvde kalcunya

sukkahousut

hulahopke

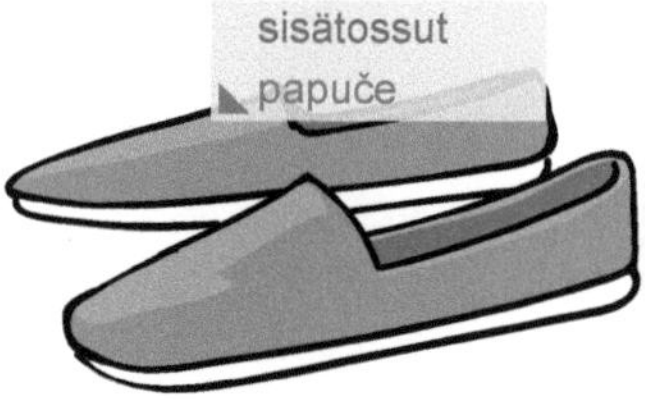

kaulaliina
momija

sateenvarjo
čadori

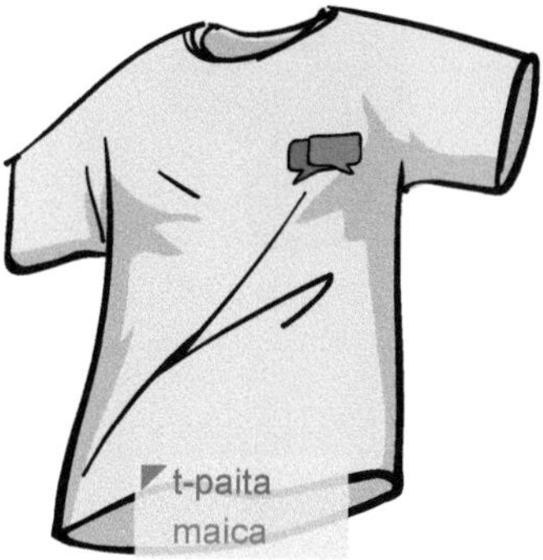

t-paita
maica

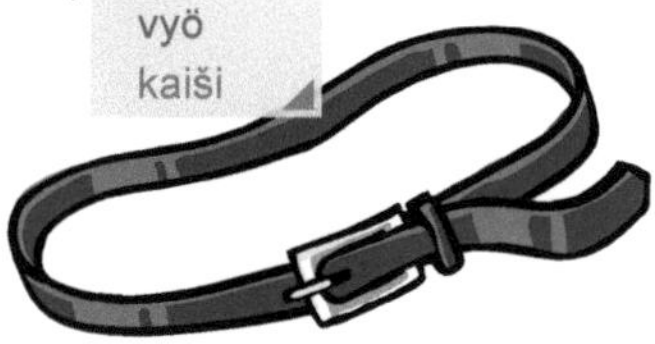

vyö
kaiši

saappaat
čizme

sisätossut
papuče

lenkkarit
trenerke

sandaalit

sandale

kengät

menije

kumisaappaat

gumena čizme

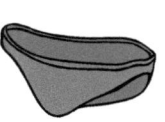

alushousut

sostenya

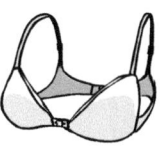

rintaliivit

eleko

aluspaita

jeleko

body
bodi

housut
pantalonya

farkut
farmerke

hame
suknya

pusero
bluza

paita
gat

villapaita
puloveri

collegepaita
dukseri

jakku
harno kaputi

takki
džeketi

takki
kaputi

sadetakki
biršimdesko mantili

puku
kostimi

mekko
fustano

hääpuku
prandinako fustano

puku
kostumi

yöpaita
rakjako fustano

pyjama
pižame

shari
sari

päähuivi
momija šereske

turbaani
turbani

burka
burka

kaftaani
kaftani

abaya
abaya

uimapuku
nangyovimaske šeja

uimahousut
buxle pantolonya

shortsit
harne pantolonya

verkkarit
sporteske trenerke

esiliina
kecelya

käsineet
vasteske kalcunya

nappi

kopča

silmälasit

gjuzlukya

rannekoru

belegziya

kaulakoru

mirikle

sormus

angrustik

korvakoru

čeni

lippalakki

stadik

ripustin

kaputeski čiviya

hattu

stadik

solmio

kravata

vetoketju

patenti

kypärä

kaciga

henkselit

dandenge proteze

koulupuku

školaki uniforma

univormu

uniforma

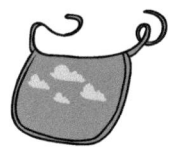

ruokalappu

ligarka

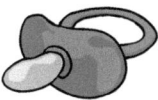

tutti

cucla

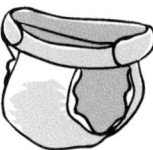

vaippa

pherno

toimisto
ofiso

palvelin
serveri
asiakirjakaappi
raftija dokumentenca
paperi
lil
tulostin
printeri
näyttö
monitori
hiiri
mausi
kirjoituspöytä
masa butyake
kansio
folderi
näppäimistö
tastatura
roskakori
korpa čhudimaske lila
tietokone
kompjuteri
tuoli
sandaliya

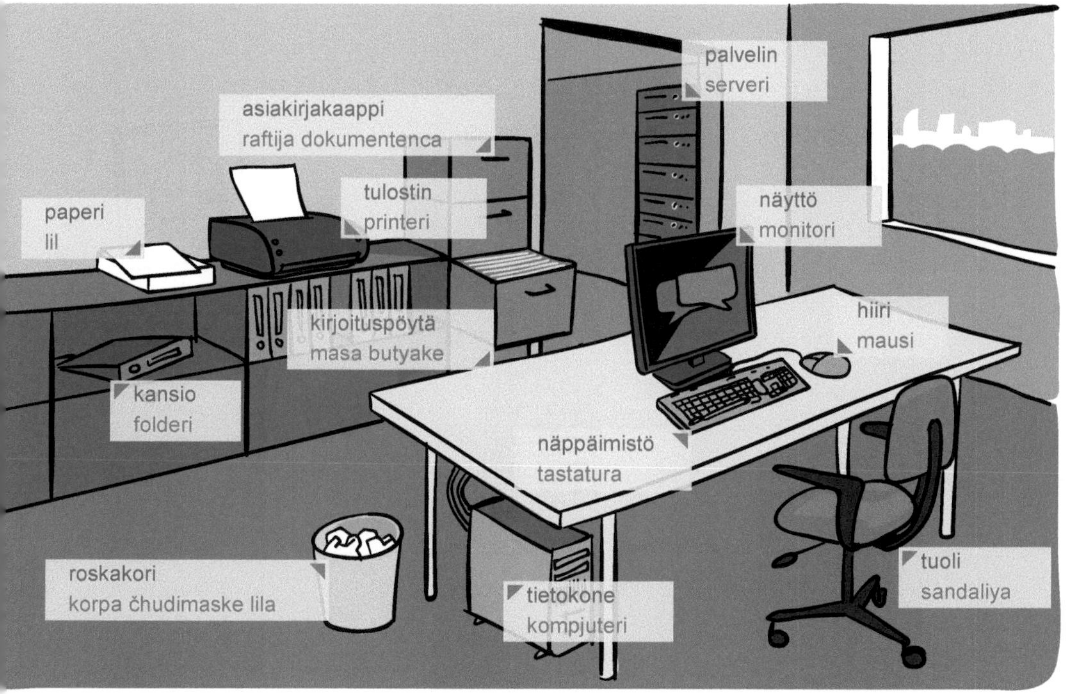

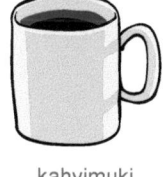

kahvimuki

fildžano kafake

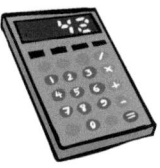

taskulaskin

kalkulatori

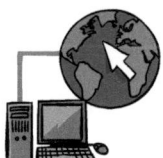

internet

internet

kannettava tietokone

laptop

kirje

lil

viesti

mesaži

kännykkä

mobilno telefono

verkko

netvorko

kopiokone

kopirimaski makina

ohjelmisto

softveri

puhelin

telefono

pistorasia

štekeri

faksi

faks makina

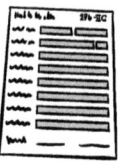

lomake

formulari

asiakirja

dokumento

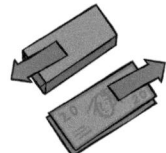

ostaa

kinibe

maksaa

pokinibe

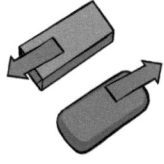

vaihtaa

kino-bikinibe

raha

love

dollari

dolari

euro

euro

jeni

jeni

rupla

rublya

frangi

švajcariako franko

renminbi juan

renminbi juan

rupia

rupija

pankkiautomaatti

lovengo automati

rahanvaihto

biro baši devize

kulta

somnakaj

hopea

rup

öljy

petroli

energia

energia

hinta

fiyati

sopimus

kontrakto

vero

taksa

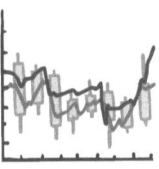

osake

berzaki akcija

työskennellä

butikeribe

työntekijä

butyarno

työnantaja

butyako dendutno

tehdas

fabrika

liike

dukyano

ammatit
profesie

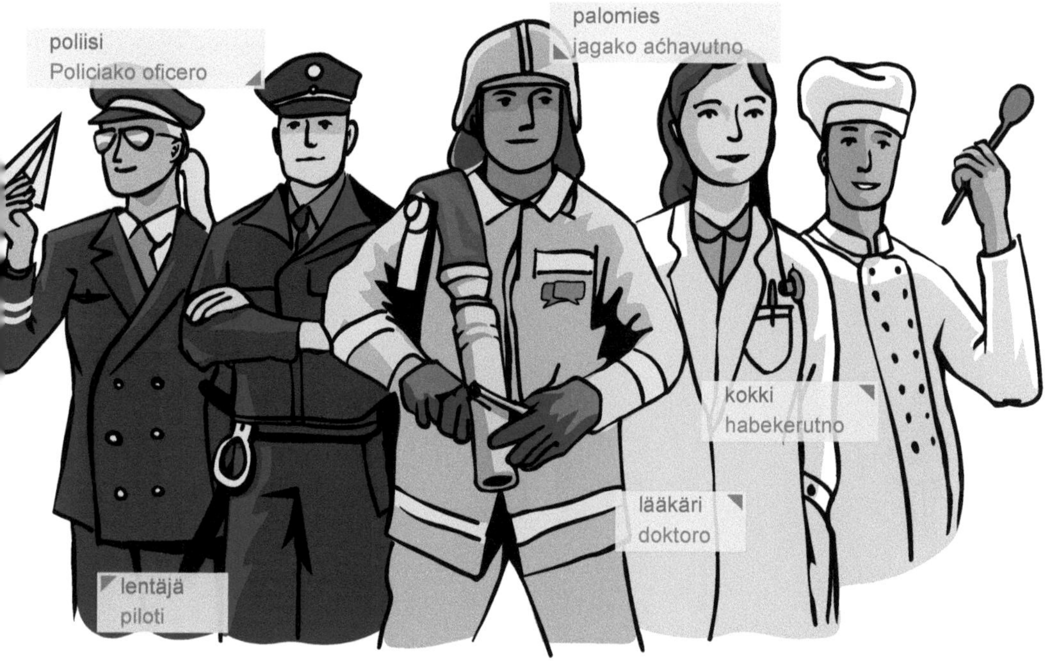
poliisi
Policiako oficero
palomies
jagako aćhavutno
kokki
habekerutno
lääkäri
doktoro
lentäjä
piloti

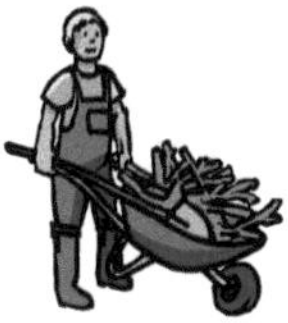

puutarhuri

bavčako butyarno

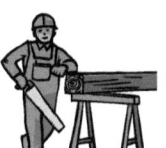

puuseppä

tišleri

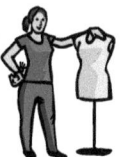

ompelija

šnajderka

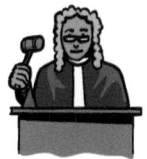

tuomari

krisuno

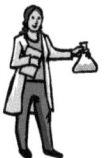

kemisti

hemičari

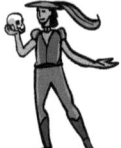

näyttelijä

akteri

linja-autonkuljettaja

autobusesko šoferi

taksinkuljettaja

taksisti

kalastaja

mačhengo astarutno

siivooja

užarutni

katontekijä

učharinengo kerutno

tarjoilija

kelneri

metsästäjä

avdžija

maalari

tasvirkerutno

leipuri

furnadžia

sähköasentaja

elektrikako phirno

rakentaja

tamirutno

insinööri

inžinjeri

teurastaja

kasapi

putkiasentaja

panjesko butyarno

postinjakaja

poštari

sotilas

askeri

arkkitehti

arhitekto

kassanhoitaja

kasieri

floristi

luludyari

kampaaja

frizeri

konduktööri

kondukteri

mekaanikko

mekanisti

kapteeni

kapetani

hammaslääkäri

dandengo saslyarno

tiedemies

vigjanalo manuš

rabbi

rabini

imaami

imami

munkki

rašaj

pappi

rašaj

työkalut
alatia

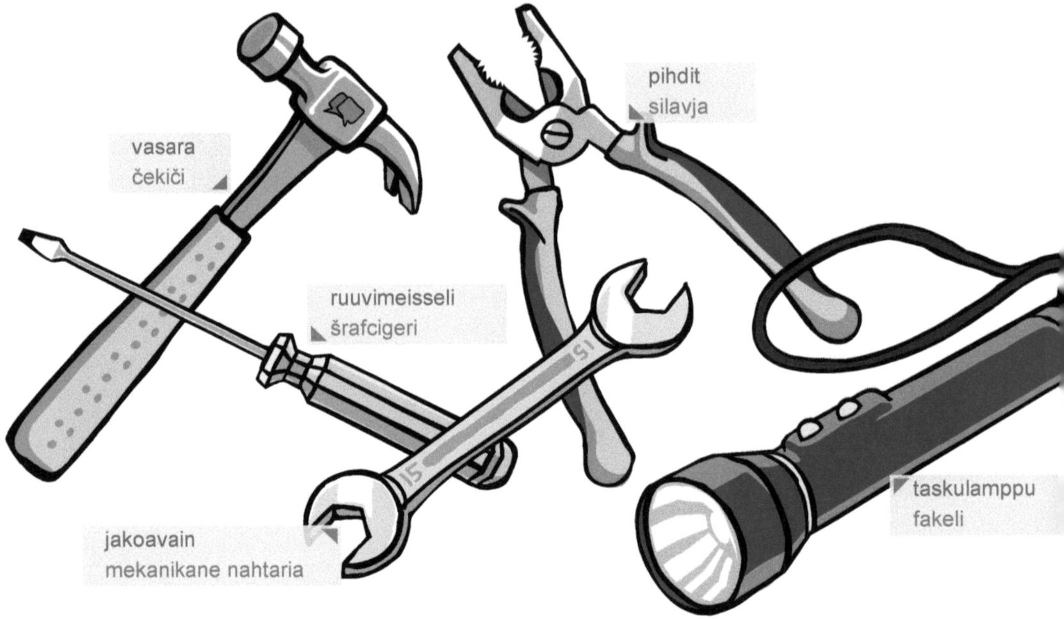

pihdit
silavja
vasara
čekiči
ruuvimeisseli
šrafcigeri
taskulamppu
fakeli
jakoavain
mekanikane nahtaria

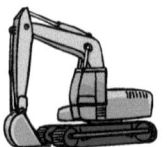

kaivinkone

hrandimasko alati

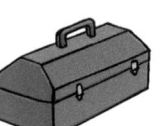

työkalupakki

alateski kutia

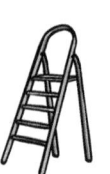

tikkaat

merdeveni

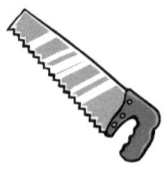

saha

pila

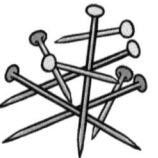

naulat

karfa

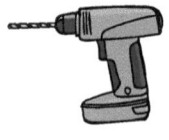

pora

posavin

korjata

lačharkeribe

lapio

lopata

Hitto!

Naleti!

rikkalapio

vatrali

maalipurkki

lonco bojimaske

ruuvit

šrafja

soittimet
muzikane instrumentia

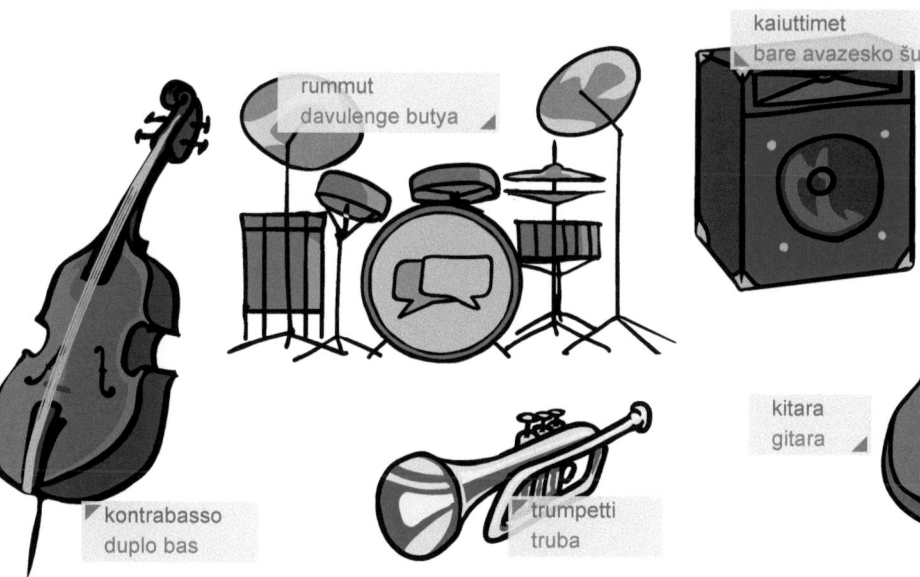

rummut
davulenge butya

kaiuttimet
bare avazesko šunutno

kitara
gitara

kontrabasso
duplo bas

trumpetti
truba

piano

piano

viulu

kemana

basso

bas

patarummut

timpani

rumpu

davulia

kosketinsoitin

sintisajzeri

saksofoni

saksafoni

huilu

flejta

mikrofoni

mikrofoni

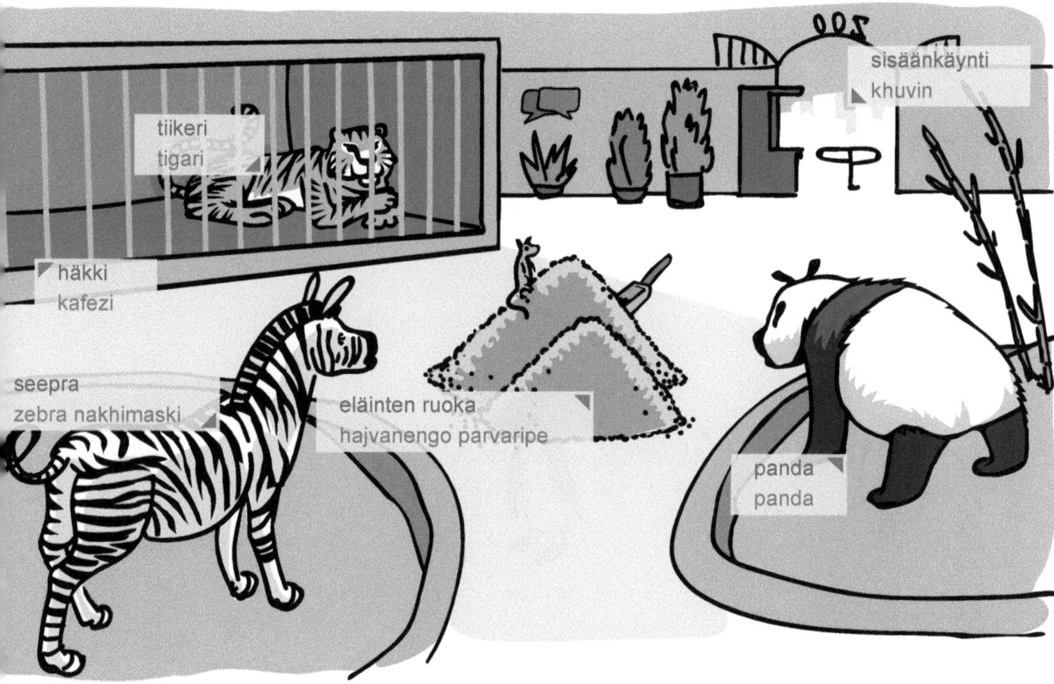

sisäänkäynti
khuvin

tiikeri
tigari

häkki
kafezi

seepra
zebra nakhimaski

eläinten ruoka
hajvanengo parvaripe

panda
panda

eläimet

hajvania

norsu

elefanti

kenguru

kenguri

sarvikuono

rino

gorilla

gorila

karhu

ričini

kameli

kamila

strutsi

ostriga

leijona

aslani

apina

majmuni

flamingo

flamingo

papukaija

papagali

jääkarhu

polarno ričini

pingviini

pingvini

hai

ajkula

riikinkukko

pauno

käärme

sap

krokotiili

krokodilo

eläintarhanhoitaja

zoo arakhutno

hylje

foka

jaguaari

jaguari

poni
poni

leopardi
leopardi

virtahepo
hipo

kirahvi
žirafa

kotka
zorale kandžengi paškin

villisika
bali

kala
mačho

kilpikonna
želka

mursu
morži

kettu
lumri

gaselli
gazela

amerikkalainen jalkapallo
Amerikako fudbali

pyöräily
biciklizmo

tennis
tenis

koripallo
basketboli

uinti
nangjovibe

jääkiekko
hokej ko paho

nyrkkeily
boksi

jalkapallo
fudbali

sulkapallo
badmington

yleisurheilu
atletika

käsipallo
vasteskoboli

hiihto
skiibe

poolo
polo

nauraa
asaibe

hypätä
hutibe

halata
deibe angali

kävellä
phiribe

laulaa
giljavibe

unelmoida
dikhibe suno

rukoilla
azirikeribe

suudella
čumibe

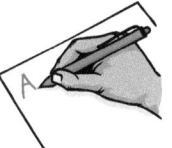

kirjoittaa
hramovibe

piirtää
čitribe

näyttää
sikavibe

painaa
cidljaribe

antaa
deibe

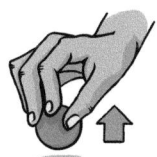

ottaa
leibe

omistaa

isibe

tehdä

keribe

olla

te ovel

seisoa

tergyovibe

juosta

prastaibe

vetää

cidibe

heittää

čhudibe

kaatua

peribe

maata

hovavibe

odottaa

adžikeribe

kantaa

phiravibe

istua

bešibe

pukeutua

urjavibe

nukkua

sovibe

herätä

džangavibe

katsoa

dikhibe ko

itkeä

rovibe

silittää

čalavibe

kammata

uhlavibr

puhua

vakeribe

ymmärtää

haljovibe

kysyä

puč

kuunnella

šunibe

juoda

piibe

syödä

habe

siivota

užaribe

rakastaa

kamibe

keittää

keribe habe

ajaa

paldibe vordon

lentää

urjalibe

purjehtia

vaporea džaibe

laskea

kalkulirin

lukea

drabaribe

oppia

sikljovibe

työskennellä

butikeribe

mennä naimisiin

prandibe

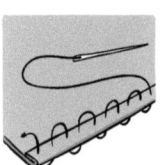

ommella

suvibe

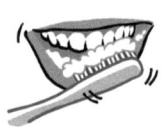

pestä hampaat

thovibe danda

tappaa

mudaribe

tupakoida

piibe dahani

lähettää

bičhalibe

perhe
familiya

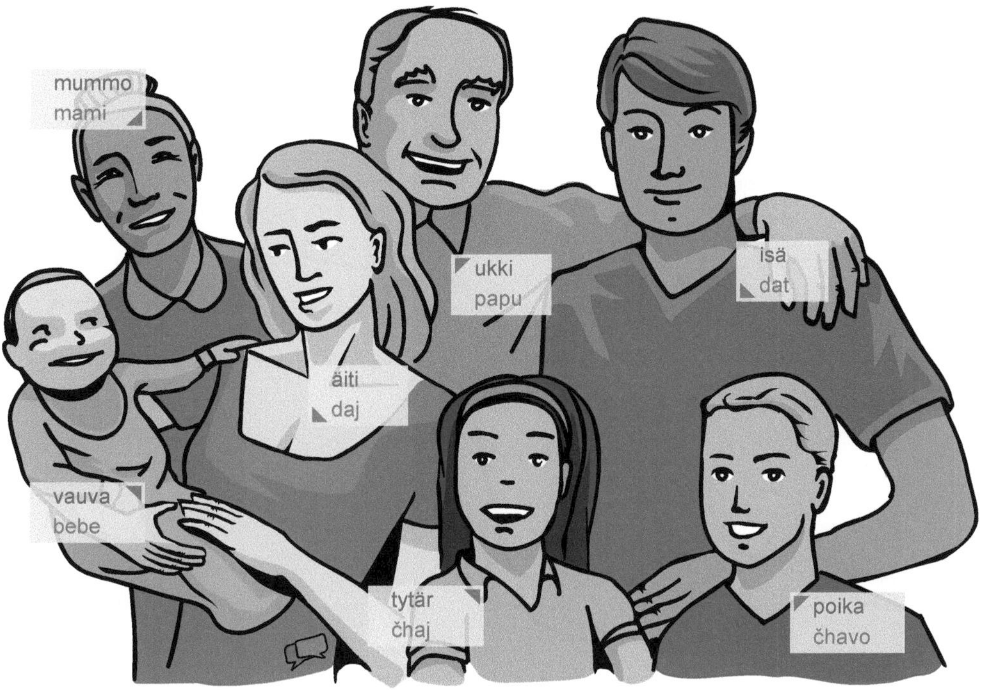
mummo
mami
ukki
papu
isä
dat
äiti
daj
vauva
bebe
tytär
čhaj
poika
čhavo

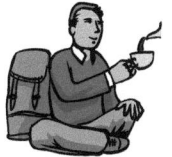

vieras

misafiri

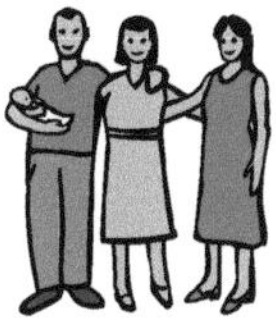

täti

bibi

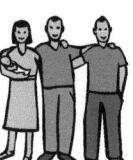

setä

kako

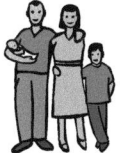

veli

phral

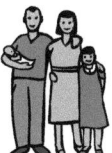

sisko

phen

vartalo
trupo

otsa
čekat
silmä
jakh
olkapää
piko
sormet
naj
kasvot
muj
leuka
vilica
käsi
vast
jalka
pundro
rinta
čuči
käsivarsi
musik

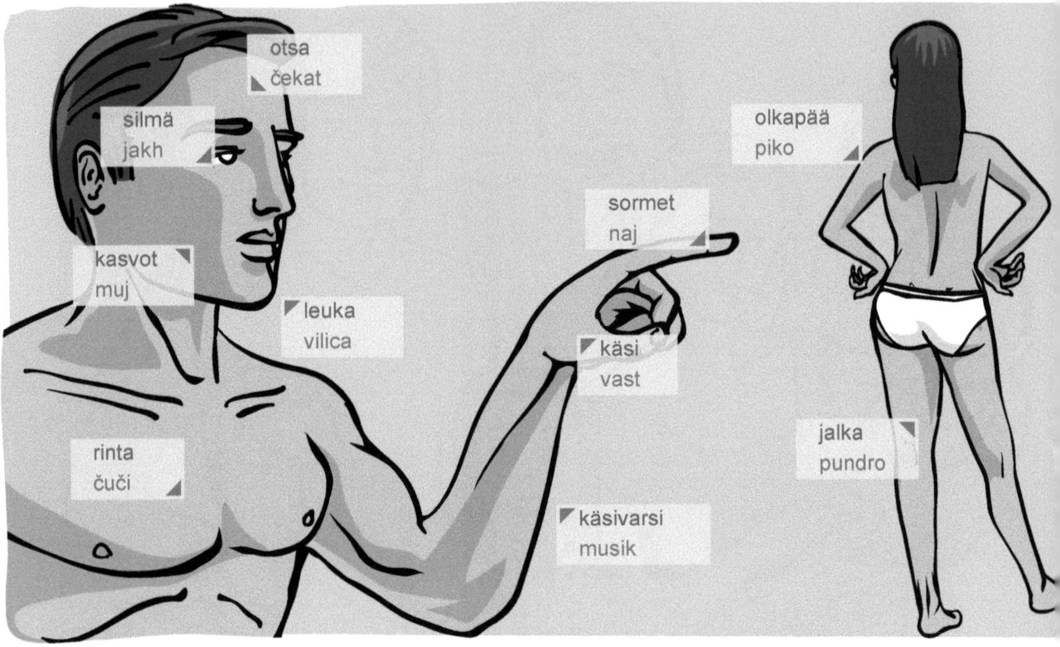

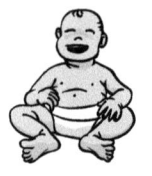

vauva
bebe

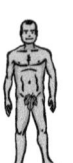

mies
murš

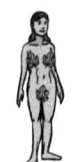

nainen
džuvli

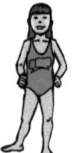

tyttö
čhaj

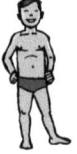

poika
ćhavo

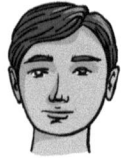

pää
šero

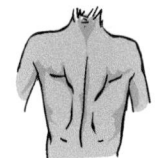

selkä
dumo

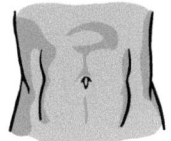

maha
maškar

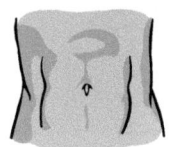

napa
pupko

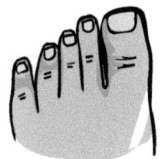

varvas
pundrenge naja

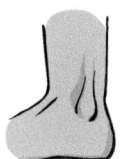

kantapää
patum

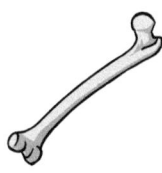

luu
kokalo

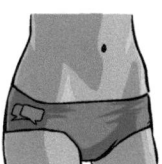

lantio
kuko

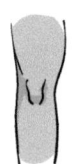

polvi
koč

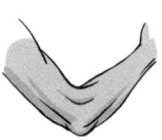

kyynärpää
lahci

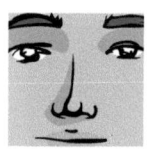

nenä
nakh

takapuoli
bul

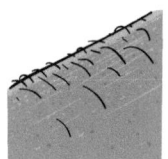

iho
mortik

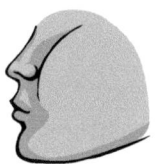

poski
čham

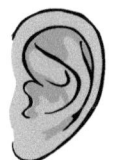

korva
kan

huuli
voš

suu

muj

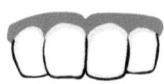

hammas

danda

kieli

ćhib

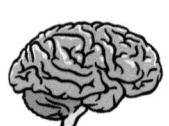

aivot

godi

sydän

vilo

lihas

muskulo

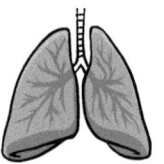

keuhkot

kolin

maksa

buko

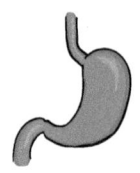

vatsa

vogi

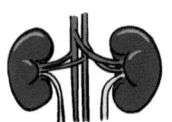

munuaiset

bubrekora

seksi

seks

kondomi

kondomi

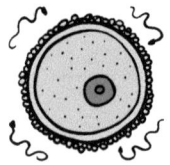

munasolu

yarengi kletka

sperma

sperma

raskaus

khamnipe

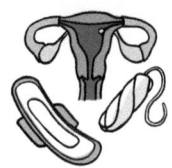

kuukautiset

menstruaciya

vagina

vagina

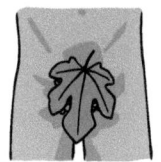

penis

penis

kulmakarvat

phov

hiukset

bala

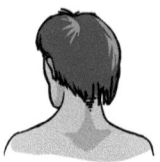

niska

men

sairaala
hospitalo

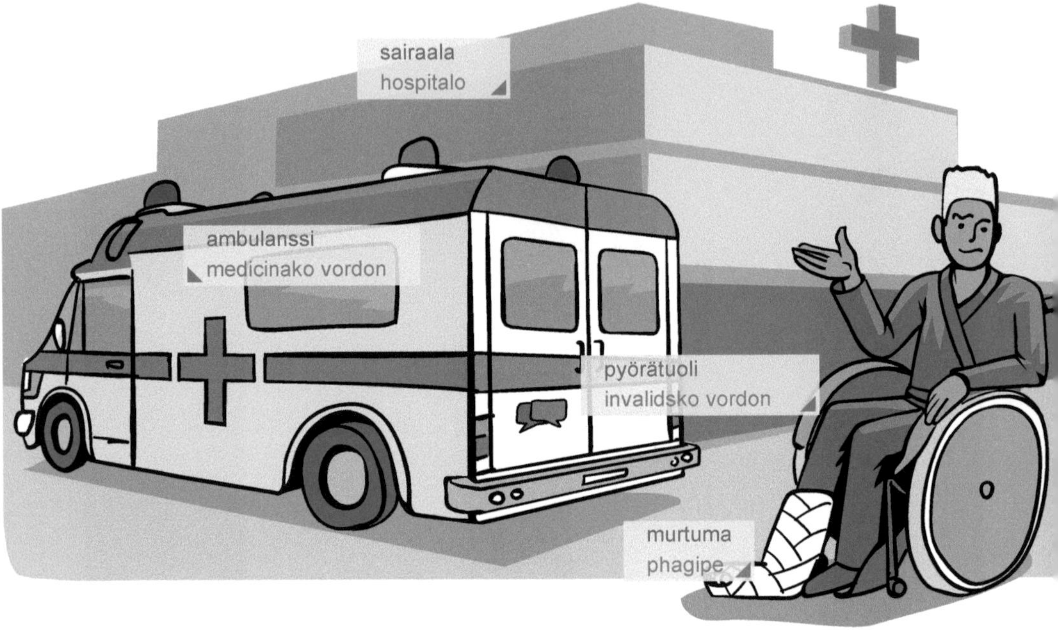

sairaala
hospitalo
ambulanssi
medicinako vordon
pyörätuoli
invalidsko vordon
murtuma
phagipe

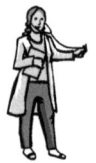

lääkäri

doktoro

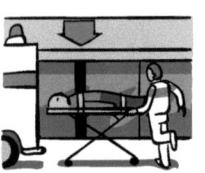

ensiapu

sigyarimaski kamara

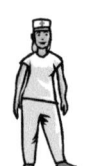

sairaanhoitaja

medicinaki phen

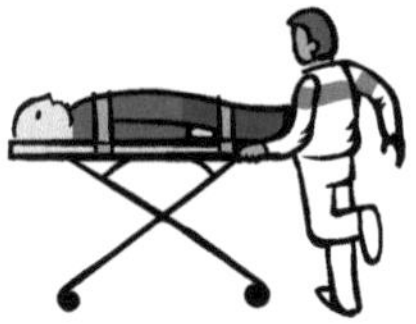

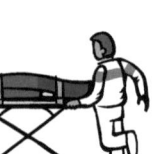

hätätilanne

sigyaripen

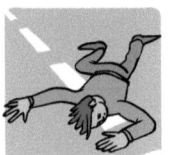

tajuton

ki koma

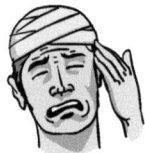

kipu

dukh

vamma

dukhavipen

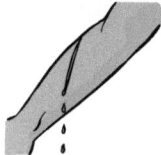

verenvuoto

ratvaripe

sydänkohtaus

infrakto

aivoinfarkti

šlog

allergia

alergiya

yskä

khuinibe

kuume

tinanipe

flunssa

gripa

ripuli

diyarea

päänsärky

šereski dukh

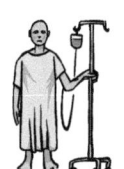

syöpä

kanceri

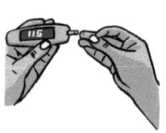

diabetes

diyabetes

kirurgi

operaciya

veitsi

skalperi

leikkaus

operaciya

ct

CT

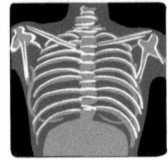

röntgen

rentgen

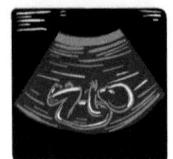

ultraääni

ultra avazo

maski

mujeski maska

sairaus

nasvalipe

odotushuone

adžukyarimasko than

sauva

paterica

laastari

flastero

side

phandimaski gaza

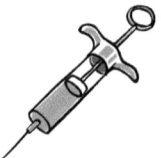

pistos

inyekciya

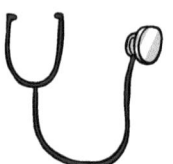

stetoskooppi

stetoskopo

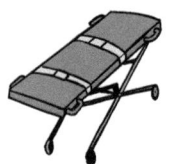

paarit

tregero

kuumemittari

klinicko termometro

syntymä

biyanipe

ylipaino

baro thulipe

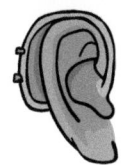

kuulolaite

ašunimasko aparato

desinfiointiaine

dezinfekciako

infektio

infekciya

virus

viruso

HIV / AIDS

HIV / SIDA

lääke

medicina

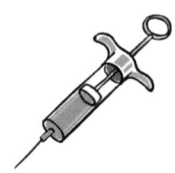

rokotus

vakcinaciya

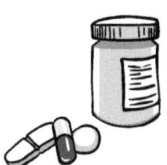

tabletit

tabletura

pilleri

hapi

hätäpuhelu

sigyarimasko akharipe

verenpainemittari

monitori vaš učo pretisak

sairas / terve

nasvalo / sasto

Apua!

Mažutisar!

hälytys

alarmo

ryöstö

atako

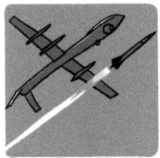

hyökkäys

atako

vaara

dar buti

hätäuloskäynti

sigyarimasko iklyovipen

Tulipalo!

Bari jag!

palosammutin

mamuj jagako aparati

onnettomuus

bibax

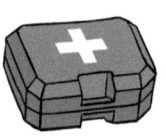

ensiapulaukku

butya avgo ažutimaske

SOS

SOS

poliisilaitos

Policia

Eurooppa

Evropa

Pohjois-Amerikka

Utarali Amerika

Etelä-Amerikka

Purabali Amerika

Afrikka

Afrika

Aasia

Azija

Australia

Australia

Atlantin valtameri

Atlantiko

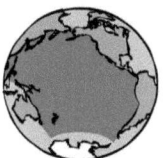

Tyynimeri

Pacifiko

Intian valtameri

Indiako Okeano

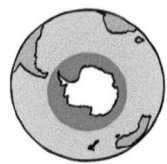

Eteläinen jäämeri

Antarktikosko Okeano

Pohjoinen jäämeri

Arktikosko Okeano

pohjoisnapa

Utaralo poli

etelänapa

Purabalo poli

Antarktis

Antarktiko

maa

phuv

maa

phuv

meri

samudra

saari

džaziri

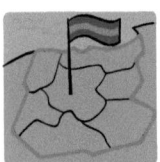

kansa

nacija

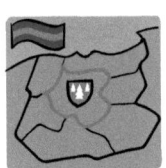

osavaltio

raštra

kellotaulu

saatosko gendo

tuntiviisari

saatoski sikavni

minuuttiviisari

dakikongi sikavni

sekuntiviisari

ekundarno saatoski sikavin

Paljonko kello on?

Kozom si o saato?

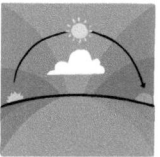

päivä

dive

aika

vrama

nyt

akana

digitaalikello

digitalno saato

minuutti

dakika

tunti

časo

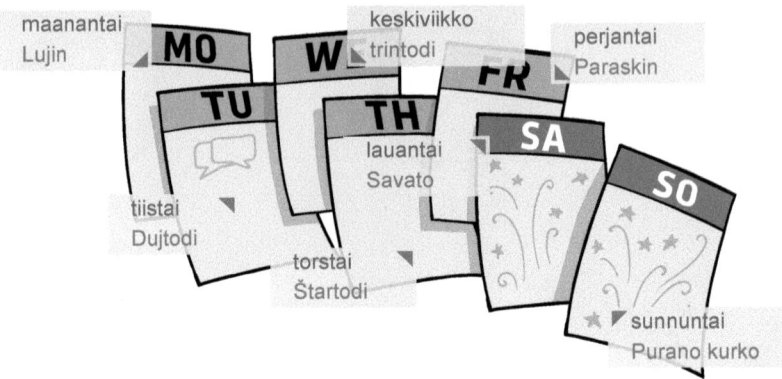

maanantai
Lujin

keskiviikko
trintodi

perjantai
Paraskin

lauantai
Savato

tiistai
Dujtodi

torstai
Štartodi

sunnuntai
Purano kurko

eilen

erati

tänään

avdive

huomenna

tajsa

aamu

javin

keskipäivä

ekvaš dive

ilta

blevel

MO	TU	WE	TH	FR	SA	SU
1	2	3	4	5	6	7
8	9	10	11	12	13	14
15	16	17	18	19	20	21
22	23	24	25	26	27	28
29	30	31	1	2	3	4

työpäivät

butyarne divesa

MO	TU	WE	TH	FR	SA	SU
1	2	3	4	5	6	7
8	9	10	11	12	13	14
15	16	17	18	19	20	21
22	23	24	25	26	27	28
29	30	31	1	2	3	4

viikonloppu

vikend

vuosi
berš

sade
biršim
sateenkaari
renkali badalin
tuuli
bavlal
lumi
iv
kevät
anglonilaj
syksy
palonilaj
kesä
nilaj
talvi
ivend

4.APRIL 11°
5.APRIL 4°
6.APRIL 13°
7.APRIL 8°
8.APRIL 10°

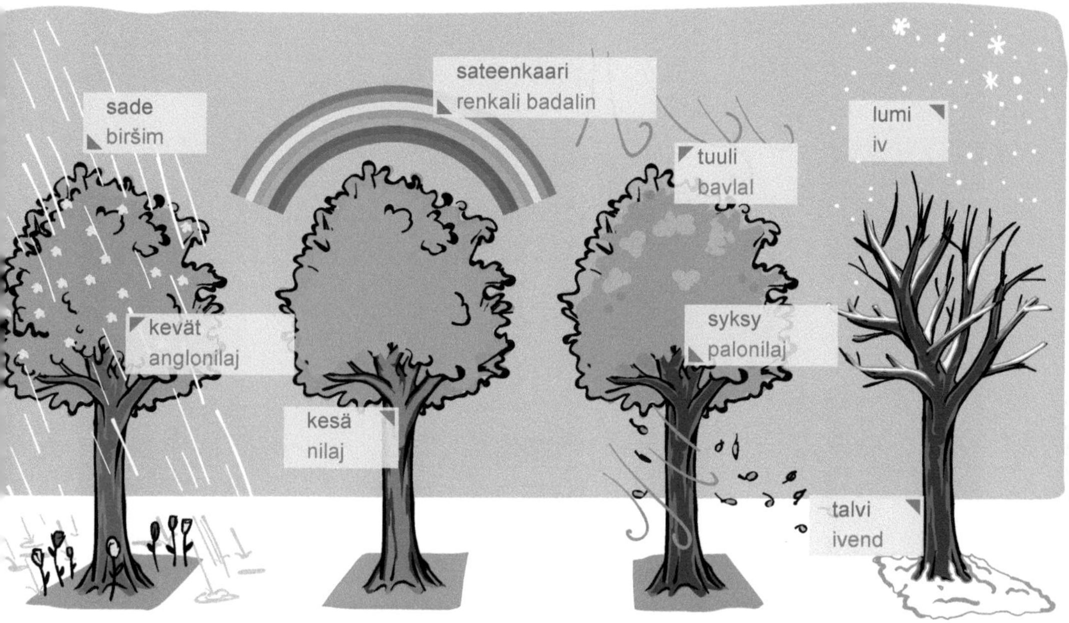

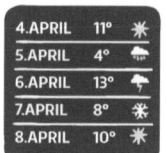

sääennuste

vramakoro vakeribe

F
C

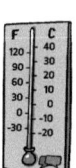

lämpömittari

termometro

auringonpaiste

khamalo

pilvi

badal

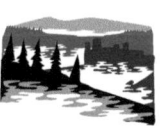

sumu

muhi

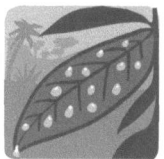

ilmankosteus

nemlime hava

salama

šemšekoja

ukkonen

šemšekosko čalavibe

myrsky

bura

rae

kijameti

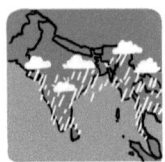

monsuuni

monsuni

tulva

baro pani

jää

paho

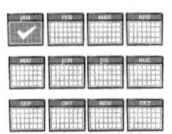

tammikuu

Januaro

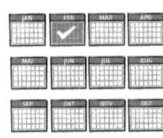

helmikuu

Februaro

maaliskuu

Marto

huhtikuu

Aprilo

toukokuu

Majo

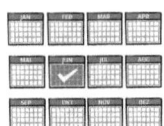

kesäkuu

Juno

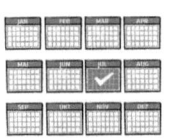

heinäkuu

Julo

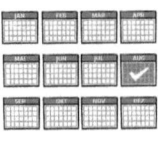

elokuu

Augusto

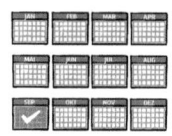

syyskuu
....
Septembro

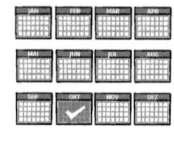

lokakuu
....
Oktombro

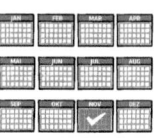

marraskuu
....
Novembro

joulukuu
....
Dekembro

ympyrä
....
rota

neliö
....
kvadrati

suorakulmio
....
rektanglo

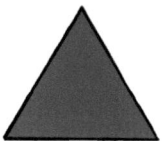

kolmio
....
trianglo

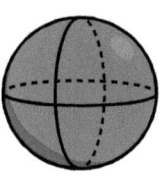

pallo
....
sfera

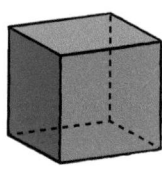

kuutio
....
kocka

valkoinen

parni

keltainen

galbeno

oranssi

pomarandža

vaaleanpunainen

roze

punainen

loli

violetti

lila

sininen

vunato

vihreä

harjali

ruskea

kafeno

harmaa

kuršumlija

musta

kali

paljon / vähän
....
but / hari

vihainen / ystävällinen
....
holjame / mudro

kaunis / ruma
....
šuži / bišuži

alku / loppu
....
starto / agor

suuri / pieni
....
baro / tikno

vaalea / tumma
....
puterde bojako / phanle bojako

veli / sisko
....
phral / phen

puhdas / likainen
....
užo / melalo

täydellinen / epätäydellinen
....
sahno / bisahno

päivä / yö
....
dive / rat

kuollut / elävä
....
mulo / dživdo

leveä / kapea
....
buvlo / tank

syötävä / syömäkelvoton

hala pe / na hala pe

paha / kiltti

džungalo / šukar

innostunut / tylsistynyt

bare vogjea / bi vogjea

lihava / laiha

thulo / kišlo

ensimmäinen / viimeinen

avgo / paluno

ystävä / vihollinen

amal / dušmani

täysi / tyhjä

pherdo / čučo

kova / pehmeä

zoralo / kovlo

painava / kevyt

pharo / lokho

nälkä / jano

bokh / truš

sairas / terve

nasvalo / sasto

laiton / laillinen

ilegalno / legalno

älykäs / tyhmä

godyaver / bigodyako

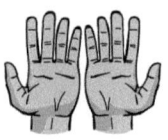

vasen / oikea

bajan / dahin

lähellä / kaukana

paše / dur

uusi / käytetty

nevo / purano

ei mitään / jotain

khanči / vareso

vanha / nuori

phuro / terno

päällä / pois päältä

phabardo / ačhavdo

auki / kiinni

puterdo / phanlo

hiljainen / äänekäs

mudro / bare avazeskoro

rikas / köyhä

barvalo / čorolo

oikein / väärin

čačutno / došalo

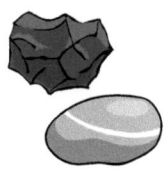

karhea / sileä

zoralo / kovlo

surullinen / iloinen

mazuni / lošalo

lyhyt / pitkä

skurto / lungo

hidas / nopea

pohari / sigate

märkä / kuiva

sapano / šuko

lämmin / viileä

tato / šudro

sota / rauha

mareba / sansari

0

nolla

zero

1

yksi

jek

2

kaksi

duj

3

kolme

trin

4

neljä

štar

5

viisi

panč

6

kuusi

šov

7

seitsemän

efta

8

kahdeksan

ohto

9

yhdeksän

enja

10

kymmenen

deš

11

yksitoista

dešujek

12

kaksitoista

dešuduj

13

kolmetoista

dešutrin

14

neljätoista

dešuštar

15

viisitoista

dešupanč

16

kuusitoista

dešušov

17

seitsemäntoista

dešefta

18

kahdeksantoista

dešohto

19

yhdeksäntoista

dešenja

20

kaksikymmentä

biš

100

sata

šel

1.000

tuhat

milja

1.000.000

miljoona

milioni

englanti

Anglicko

amerikanenglanti

Americko Anglicko

mandariinikiina

Kinesko Mandarinsko

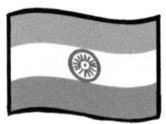

hindi

Indisko

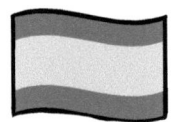

espanja

Špansko

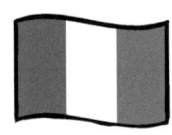

ranska

Francusko

arabia

Arapsko

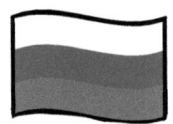

venäjä

Rusko

portugali

Portugalsko

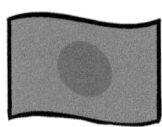

bengali

Bengalsko

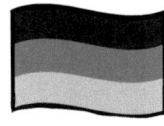

saksa

Nemicko

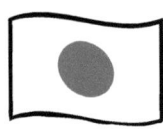

japani

Japansko

minä

thaj

sinä

tu

hän

ov / oj

me

amen

te

tumen

he

ola

kuka?

ko?

mitä / mikä?

so?

miten?

sar?

missä?

kote?

milloin?

kana?

nimi

anav

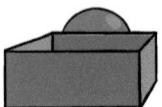

takana

palal

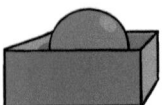

sisällä

andre

edessä

anglal o

yläpuolella

upral

päällä

an

alapuolella

telal

vieressä

trujal

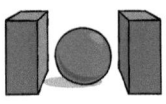

välissä

maškaral

paikka

than